AF264114

LETTRE

DE

M. CAMINADE

Député de la Charente

A UN ÉLECTEUR

DE L'ARRONDISSEMENT DE COGNAC.

SUIVIE

DES DÉVELOPPEMENS D'UN AMENDEMENT SUR LA LISTE CIVILE,
D'UN DISCOURS SUR LA DEMANDE D'UNE LOI SOMPTUAIRE
ET D'UNE COURTE RÉPONSE A UN MOT DE
M. D'HARCOURT SUR LE SYSTÈME
ÉLECTORAL ACTUEL.

——————

PARIS

IMPRIMERIE DE HENRI DUPUY,
RUE DE LA MONNAIE, N. 11.

JANVIER 1832.

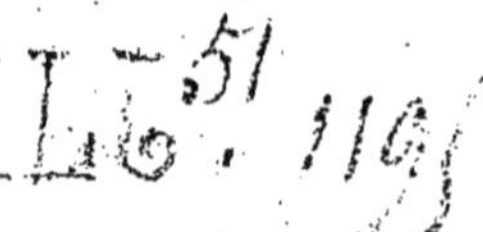

LETTRE

A M***, ÉLECTEUR

MONSIEUR ET CHER COMMETTANT,

Il y a long-temps que je ne vous ai donné signe de vie, et je vous crois assez bienveillant envers moi pour vous en apercevoir. Mon attention est habituellement captivée par les affaires publiques, mais rien ne peut affaiblir dans mon ame les affections, les souvenirs de mon pays. La seule idée que vous et vos amis pouvez commenter telle circonstance, desirer telle explication, suffit pour vaincre ma répuguance à vous entretenir de moi quelques instans, et pour m'engager à vous écrire.

« C'est une étrange vie (me disait ces jours derniers un
» Parisien, un homme *positif*), que celle d'un député qui,
» dès son début à la tribune, a annoncé l'intention de
» rester indépendant, de ne point faire d'opposition par
» système, mais d'en faire par conviction ; qui a dit ne
» vouloir rien demander pour lui ni pour les siens, et qui
» tient parole. Autour de lui les ambitions s'agitent, cer-
» taines opinions se modifient selon les circonstances,
» les intérêts se croisent, marchent, arrivent à leur but...

» Le sien, quel est-il?... Parlez, Monsieur, quel est le
» vôtre? Espérez-vous (comment que vous fassiez) pou-
» voir satisfaire tout le monde, et n'exciter ni la critique
» ni le blâme? On sera souvent injuste envers vous; et en
» résultat, quel sera le fruit d'une vie si occupée et si pé-
» nible?

» — J'aurai été utile, lui répondis-je : et j'ai déjà eu ce
» bonheur. Il y a une grande douceur à pouvoir quelque-
» fois rendre service; il y en a bien plus encore à contri-
» buer, de ses paroles ou de son vote, à des lois salutaires
» pour le pays. Si l'on ne peut toujours réussir à faire
» triompher l'opinion que l'on croit la meilleure, on a du
» moins le témoignage de sa conscience : et celui qui n'a
» rien à se reprocher est bien fort contre l'erreur ou l'in-
» justice. Oui, Monsieur, aussi long-temps que mes forces
» répondront à mon zèle, je remplirai avec persévérance
» le mandat qui m'a été confié. »

Mon homme hocha la tête, et nous partîmes, lui pour
la Bourse, moi pour la Chambre. Ce court récit, Monsieur, vous a dépeint la vie que je mène, les idées qui
m'occupent, et le but où j'aspire. Tel vous m'avez vu
quand le collège électoral m'honora de son choix, tel
vous me reverrez encore : mais que les temps sont chan-
gés!... Que cette époque est déjà loin de nous, bien
moins par les jours écoulés, que par les circonstances si
diverses qui se sont succédées!... Je n'aborderai point
ici un sujet trop délicat et que m'interdisent d'ailleurs les
bornes d'une lettre. Dans la Chambre où j'ai l'honneur
de siéger, beaucoup d'opinions, quelque temps incer-
taines, se sont groupées autour du Ministère. Si elles
lui ont créé une majorité, d'abord flottante, aujourd'hui
positive, c'est que des convictions se sont formées sans

doute ; et s'il y a erreur, je pense que c'est de bonne foi. L'avenir seul nous apprendra lesquels se trompent, de ceux qui appuyent le système des Ministres, parce qu'ils le croient salutaire, ou de ceux qui l'improuvent et le combattent comme dangereux et funeste au pays.

Après que la question de l'hérédité de la Pairie eut été résolue, et que la chambre des Pairs fut constituée, à d'autres égards, sur des bases qu'il ne nous appartient plus de discuter, il semblait convenable et rationnel de passer aux lois de finances, partie si importante de notre mission. L'on en jugea autrement, et nous fûmes malgré nous entraînés à ces lenteurs, qui ont eu pour résultat inévitable et prévu le vote de douzièmes provisoires. De nombreux projets de loi se succédèrent ; l'un d'eux, relatif aux officiers et légionnaires des cent jours, que j'avais deux fois appuyé à la tribune, fut adopté par les deux Chambres, et transformé ensuite par le Ministère en une simple ordonnance du Roi. Parmi les autres projets qui nous furent soumis, la plupart n'étaient susceptibles d'être discutés que par des hommes spéciaux, et je saisis ce moment pour demander un congé de quelques jours, qui m'était nécessaire. J'étais à trente lieues de Paris quand on reçut la première nouvelle des événemens de Lyon ; je partis sur-le-champ, et le lendemain matin j'étais de retour à mon poste. Je ne le quitterai désormais (à moins de circonstance imprévue) qu'à la fin de la session, quelle qu'en soit la durée.

Je n'ai cessé, dans les bureaux et dans les comités, de prendre une part active aux discussions sur les grands intérêts dont nous sommes occupés. A la Chambre, j'ai dit peu de chose depuis quelque temps, et ce que j'ai dit, la plupart des journaux ne l'ont pas répété. Dans le compte plus ou moins tronqué qu'ils rendent de nos séances, ils élaguent volontiers les paroles des députés qui n'y mettent pas d'insistance, et qui ne font pas de démarches auprès d'eux. Quand je parle, c'est par conviction, et jamais par desir de faire parler de moi. Quand le rapport de la commission des finances nous a enfin été présenté, surpris et mécontent de n'y trouver proposée, sur l'énorme budget des dépenses, qu'une économie de dix millions, je suis allé m'inscrire contre le budget. Beaucoup d'autres collègues m'avaient prévenu, il y avait eu *presse*, et mon nom arrivera tardivement sans doute. Mais ce que j'aurais pu dire dans la discussion générale retrouvera sa place dans celle des articles, si d'autres ne le disent avant moi et mieux que moi. Ce qu'il y a de certain, ce que vous, Monsieur, et tous mes commettans pouvez croire sans réserve, c'est que j'appuierai de mon vote, et au besoin de mes paroles, toute économie raisonnable et possible, et qu'aucun député n'en sent plus que moi l'impérieuse nécessité.

Nous avons préludé au budget par la liste civile. C'est dans cette discussion que M. le ministre de l'Instruction publique s'est servi d'expressions inusitées depuis la révolution de juillet, et qui ont excité le juste mécontentement d'une partie de l'assemblée, par l'insistance qu'il a mise à les répéter. Ce mécontentement, je l'ai partagé; mais quand une protestation s'en est suivie, je me suis abstenu de la signer, par l'unique motif que j'ai cru voir la royauté mêlée dans ce débat. S'il ne se fût agi que du Ministère, mon adhésion n'eût pas été douteuse; je l'ai assez fait connaître lors du vote contre le fameux ordre du jour motivé. Plusieurs de mes collègues de l'Opposition, d'ailleurs, ont agi comme moi dans cette circonstance ; trois d'entre eux ont fait insérer, dans le *Courrier Français* du 10 de ce mois, une lettre à laquelle je me serais réuni, si elle m'eût été communiquée à temps [1].

J'étais inscrit, relativement à la liste civile, contre le projet de la commission, qui demandait 14 millions, et j'avais proposé, pour réduire ce chiffre à 10 millions, un amendement dont vous aurez eu connaissance ; mais la discussion a été étouffée. On a commencé, contre l'usage de la Chambre, par voter sur le chiffre le plus élevé, et des divers amendemens proposés, aucun n'a été développé à la tribune. Le mien, (je l'ai su par un grand nombre de mes collègues), avait beaucoup de chances de succès, si l'on eût commencé par le chiffre le plus bas. Il m'importe que vous connaissiez les développemens de cet amendement, et je vous les envoie ; vous y trouverez exprimé ce vœu d'*économies* que je ne cesserai désormais de répéter.

Vous savez, Monsieur, qu'au commencement de la session j'avais proposé l'établissement d'une taxe sur les voitures, chevaux de luxe, etc. ; cette proposition fut approuvée dans les départemens, et j'en reçus de nombreux témoignages ; mais elle ne fut pas accueillie par la majorité de la Chambre. Dans la séance du 14 de

---

[1] Cette lettre est ainsi conçue :

« Nous n'avons point signé la protestation de nos honorables collègues,
» non que nous ayions approuvé le mot *sujets*, dont s'est servi M. le mi-
» nistre de l'Instruction publique ; mais parce qu'une protestation est,
» suivant nous, un acte trop sérieux pour le diriger contre *un mot*,
» expression d'une pensée individuelle étrangère à la Chambre.

» Agréez, etc.

» *Signé* BELLAIGUE, de l'Yonne ; A. JOLLIVET, de Rennes ;
ANOUX, de la Seine-Inférieure. »

ce mois, M. Aigoin, du département de Seine-et-Oise, ayant présenté une pétition sur le même objet, j'ai prononcé pour l'appuyer un discours dont les conclusions ont été adoptées par la Chambre, et qu'un petit nombre de journaux, celui du Commerce par exemple, ont rapporté textuellement. Je vous envoie ce discours, Monsieur, parce que dans le temps vous aviez approuvé ma proposition.

Dans la même séance du 14, la discussion sur la liste civile a été reprise et achevée. M. d'Harcourt [1] y a avancé d'étranges théories, notamment sur notre système électoral actuel. Je suis monté à la tribune pour combattre en peu de mots son assertion ; je vous transmets ce que j'ai dit, et ce que dix journaux ont répété, comme pour donner un démenti à la Gazette de France, qui a prétendu que *des murmures avaient couvert ma voix* et que *j'étais descendu de la tribune sans achever ma phrase.* C'est un exemple entre mille de l'exactitude de certains journaux.

Voici, Monsieur, une bien longue lettre ; les documens qui l'accompagnent seront pour vous, je l'espère, de nouveaux témoignages de mon zèle et de mon amour pour mon pays ; je serai heureux d'apprendre qu'ils auront obtenu votre approbation.

Agréez, Monsieur et cher commettant, les assurances de mon attachement et de mon dévouement bien sincères.

CAMINADE CHATENAY.

Paris, le 18 janvier 1832.

---

[1] M. le Comte D'Harcourt est ambassadeur de France en Espagne, et cependant présent à la Chambre.

DÉVELOPPEMENS

DE L'AMENDEMENT

DE M. CAMINADE

SUR LA LISTE CIVILE.

ART. 16 DU PROJET DE LOI.

Le Roi recevra du Trésor public, pendant toute la durée de son règne, une somme annuelle de *dix millions* de francs.

MESSIEURS,

Je viens demander, dans la fixation de la liste civile, une réduction de quatre millions sur le chiffre le plus élevé du projet de la commission, et de deux millions cinq cent mille francs sur le moins élevé. Je pense, avec les membres de la commission qui ont voté ce dernier chiffre, *qu'il y a nécessité de faire des économies, et d'en donner l'exemple du sommet de l'édifice social.* Je suis même tellement pénétré de cette vérité, que mon amendement eût présenté une somme inférieure à celle que j'ai l'honneur de vous proposer, s'il ne se fût agi de fixer la liste civile pour toute la durée d'un règne, de la voter à la fois pour l'époque actuelle et pour des temps meilleurs, d'embrasser enfin le présent et l'avenir.

Je suis loin, Messieurs, de partager l'opinion de ceux d'entre nous qui croient, avec l'honorable rapporteur de notre commission, *qu'il ne faut nullement prendre en considération la fortune personnelle du prince, et que c'est un heureux accident, étranger à la dot que la France lui donne.* Selon moi, les revenus personnels du Roi doivent être le

point de départ pour la fixation de la liste civile. Nous devons en voter seulement le complément nécessaire, et atteindre la somme convenable sans la dépasser. Nos idées à cet égard doivent être aujourd'hui pleinement fixées, et les votes de cette Chambre, relativement à la dotation de la couronne en immeubles, me paraissent être la meilleure base sur laquelle mon amendement puisse être appuyé.

Les revenus du roi des Français, Messieurs, doivent être réglés sans parcimonie, et lui assurer un état de maison digne du chef d'une grande nation. Il doit y trouver des secours pour l'infortune, des encouragemens pour les arts; et ces jouissances si douces, que le duc et la duchesse d'Orléans joignaient aux vertus du père et de la mère de famille, doivent les suivre sur le trône pour leur rendre moins pesant le fardeau de la royauté. Mais la liste civile ne doit pas être une caisse où chacun puisse avoir la prétention de puiser. Que tout ce qui sera de luxe dans les arts et dans l'industrie soit à la disposition du Roi; mais laissons dans les attributions des ministres les encouragemens réguliers à donner aux artistes et aux diverses branches d'industrie. Ces encouragemens, Messieurs, doivent partir du gouvernement responsable. Les artistes seront heureux de fixer l'attention du Roi et d'éprouver les effets de sa munificence; mais ils ne doivent pas être réduits à solliciter les caprices des courtisans et de la faveur. Qu'il en soit ainsi du commerce et de l'industrie; d'ailleurs, comme nous l'a dit l'honorable M. de Salverte, il existe pour ces objets des fonds particuliers, et journellement on nous propose pour leur emploi des dispositions spéciales.

Je sens, Messieurs, que tous détails à cet égard

me sont interdits, qu'ils rentreraient dans la discussion générale, et que je dois me borner ici à soutenir mon amendement. Les dix millions de francs auxquels j'ai l'honneur de vous proposer de fixer la somme annuelle à payer par le trésor, joints à la dotation en immeubles, aux revenus personnels du Roi et à la somme que nous voterons pour le Prince royal, formeront à la couronne une dotation très-convenable et très-belle, sans imposer une charge excessive aux contribuables, dont les souffrances sont trop oubliées. Qu'on cesse de s'étourdir, de s'aveugler sur le malheur des temps, sur l'énormité du budget, sur la détresse des départemens, sur tous les fermens de troubles qu'y fait naître la misère! Qu'on cesse de ne voir que Paris, et d'oublier que chaque million voté dans cette enceinte est en partie enlevé, sur tous les points de la France, aux sueurs du peuple, à ses besoins trop réels et trop méconnus! Qu'on entende enfin la voix de ce peuple, qui nous demande l'allégement des charges qui l'écrasent! Songeons, Messieurs, songeons à l'avenir; ménageons-nous des ressources en cas de guerre, et soulageons le pays quand nous le pouvons encore. On nous parle d'achever le Louvre, et tant de palais sont déjà inutiles! Aujourd'hui, avant tout, il s'agit d'ÉCONOMIES. La France entière nous crie : ÉCONOMIE OU RUINE! — J'ai été surpris, je l'avoue, que dans de telles circonstances on nous ait dit à cette tribune que *la somme même la plus élevée,* proposée par notre commission, *n'était pas digne de la France et de son Roi* [1]. Le Roi des Français, Messieurs, le Roi-citoyen, ne voudra pas renoncer à ce beau titre. Il voudra conserver, aux Tuileries comme au Palais-Royal, *cette*

[1] Paroles de M. le Ministre de l'Instruction publique.

grandeur sans faste, qui, selon l'expression de l'honorable M. de Schonen, *convient à la gravité de l'époque*. Il sentira qu'une liste civile excédant les limites nécessaires donnerait à la fois ouverture aux plaintes fondées de la France et aux exigences de cette foule avide, qui pénétrerait dans le palais par toutes les issues, assiégerait toutes les antichambres, et saurait absorber la plus riche dotation. Le Roi, Messieurs, aime trop la grande nation qui l'a élevé sur le pavois, pour attendre de nous, dans la fixation de la liste civile, un vote disproportionné aux besoins réels de la couronne, à l'état de la France, et aux charges énormes qui pèsent sur le pays.

Je persiste dans mon amendement.

DISCOURS

D'UNE PÉTITION

POUR L'ÉTABLISSEMENT D'UNE LOI SOMPTUAIRE.

—

SÉANCE DU 14 JANVIER 1852.

(Extrait du MONITEUR du 15.)

—

Le sieur Aigoin, à Bauthelu, près Magny (Seine-et-Oise) propose d'établir un impôt sur les chiens, les chevaux et les voitures de luxe.

M. Jay, rapporteur de la commission, propose le dépôt de cette pétition au bureau des renseignemens.

M. CAMINADE : Messieurs, je viens appuyer la pétition du sieur Aigoin ; j'en demande aussi le dépôt au bureau des renseignemens, et de plus le renvoi à M. le Ministre des finances et à la Commission du budget.

Au commencement de cette session j'eus l'honneur de soumettre à la Chambre une proposition dans le même sens. Quelques-uns de nos honorables collègues parurent y voir une sorte d'hostilité contre le luxe ; c'était une erreur. Je sens au contraire combien le luxe est utile dans l'état actuel de la civilisation ; mais il est le signe le plus apparent de la richesse, et avec notre intention tant de fois annoncée de soulager les classes pauvres, nous pourrions sans inconvénient, ce me semble, demander à ceux qui ont beaucoup une portion de leur

superflu, en faveur de ceux qui manquent du nécessaire.
On a dit aussi qu'une taxe somptuaire serait nuisible
aux arts qui s'exercent sur les objets qu'il s'agirait d'imposer. C'est une autre erreur ; je le pense du moins,
et, dans cette circonstance comme toujours, je ne suis
conduit à cette tribune que par mes convictions et mon
amour pour le pays.

Dans le rapport général sur les dépenses pour 1832,
remarquable par sa lucidité et par l'empreinte d'un grand
talent, l'honorable rapporteur de notre Commission du
budget nous a présenté un chiffre, selon lui nécessaire,
mais tellement élevé cependant, que plusieurs d'entre
nous ont comme moi le désir et l'espoir d'en obtenir la
réduction. La France entière, Messieurs, nous demande
des économies. C'est notre mandat le plus important, et,
dans l'état actuel du pays, c'est notre devoir le plus sacré.
Mais nous ne pouvons nous le dissimuler, les diverses ré-
ductions qui nous seront proposées, seront loin de pro-
duire des économies suffisantes ; aussi, plusieurs de nos
honorables collègues demandent-ils des changemens dans
le mode de perception et dans l'assiette même de plusieurs
impôts.

Nous n'avons point entendu le rapport sur les voies et
moyens ; il est donc temps encore de s'en occuper. Il ne
suffit pas d'autoriser les dépenses, il faut surtout en faire
les fonds. Nous voulons soulager les classes pauvres ; c'est
là, je le répète, un devoir urgent à remplir ; mais nous
n'y parviendrons que bien imparfaitement, Messieurs,
si nous ne cherchons à remplacer en partie les impôts
dont nous voulons dégrever le peuple ; car les besoins de
l'État sont grands, ils sont réels. Il faut payer les intérêts
de la dette, solder l'armée, alimenter tous les services pu-

blics ; il faut, au besoin, pouvoir faire la guerre, si les efforts du gouvernement pour conserver la paix devenaient infructueux.

Dans cet état de choses, Messieurs, aucune ressource ne doit être 'dédaignée, et je regarderais comme utile et convenable l'établissement de la nouvelle taxe que le pétitionnaire demande aujourd'hui. Le produit de cette taxe serait borné sans doute ; mais puisqu'on nous dit, quand il s'agit de voter les dépenses, que quelques millions de plus ne doivent pas nous arrêter, nous devons sentir, quand il est question de recettes, que quelques millions ne doivent pas non plus être négligés, s'ils sont demandés à l'opulence.

On s'est beaucoup exagéré, Messieurs, les inconvéniens d'une taxe somptuaire, si tant est qu'ils existent réellement. On a prétendu que les selliers, les carrossiers, les marchands de chevaux, auraient à en souffrir ; c'est une erreur, je le répète. On a des équipages, des chevaux de luxe, par besoin ou par vanité. Dans le premier cas (et c'est le plus fréquent), l'habitude, une fois contractée, est devenue pour l'homme riche d'une nécessité absolue, et une taxe modérée ne l'engagera certainement pas à se priver d'une des plus douces commodités de la vie. Dans le second cas, la taxe ajoutera au plaisir de l'ostentation, qui se complaît surtout à étaler à tous les yeux les objets dont on sait que le prix est le plus élevé. Non, Messieurs, une taxe modérée, équitable, ne pourrait exciter aucune plainte fondée. Elle serait d'une assiette facile, puisque la notoriété publique lui servirait de contrôle ; et elle ne pourrait nuire, soyez en certains, au commerce des objets qui y seraient imposés.

Le pétitionnaire a aussi demandé une taxe sur les chiens. Par là, sans doute, il a entendu seulement les chiens de chasse et de fantaisie. Il serait heureux que le nombre de ces animaux diminuât en France; mais tel ne serait pas l'effet de la taxe, de manière du moins à en altérer sensiblement le produit. Jamais, par exemple, un chasseur, pour un léger impôt, ne se privera de l'instrument de ses plaisirs.

Je n'entrerai point, Messieurs, dans de plus longs développemens pour motiver le double renvoi que j'ai l'honneur de vous proposer. J'ajouterai seulement qu'à l'époque où ma proposition eut lieu, elle m'attira, de plusieurs points de la France, un grand nombre de lettres approbatives, parmi lesquelles je trouvai celles d'hommes marquans par leur position sociale.

Je l'ai déjà dit ailleurs, et je le répète : nous ne devons pas, dans nos délibérations, nous occuper seulement de Paris, mais de la France entière, dont chacun de nous est le député, et qui, de tous les points du territoire, envoie au trésor de l'État les tributs des contribuables. La mesure que j'ai l'honneur de vous proposer ne préjuge rien sur le fond de la question ; elle appellera seulement l'examen approfondi d'une pétition qui peut donner ouverture à d'utiles résultats.

Je persiste donc, Messieurs, à demander le renvoi de la pétition du sieur Aigoin à M. le ministre des finances et à la commission du budget.

(Cette proposition et les conclusions de la commission sont adoptées).

COURTE RÉPONSE

À

UN MOT DE M. D'HARCOURT.

—

SÉANCE DU 14 JANVIER 1852.

(Extrait du *Moniteur*, du *Courrier Français* et autres Journaux
du 15 janvier.)

—

M. D'HARCOURT, dans un discours sur la liste civile, dit :
« Nous en avons fait (de l'argent) la base de notre loi fon-
» damentale, et la Charte a consacré qu'à l'avenir 200 fr.
» de contributions directes seraient l'emblême de toutes
» les vertus et donneraient droit à tous les priviléges. As-
» surément, je ne prétends pas m'ériger en réformateur
» d'un système, peut-être un peu ignoble. (Murmures.)

M. CAMINADE demande la parole.

M. D'HARCOURT achève son discours.

M. CAMINADE : Je n'ai, Messieurs, qu'une observation
à faire, sur laquelle j'appelle l'attention de la Chambre.

Notre honorable collègue qui descend de cette tribune, s'est servi d'une expression qui est sans doute
échappée à l'improvisation. M. D'Harcourt a traité
d'*ignoble* le système électoral basé sur 200 fr. de contributions directes. (Quelques voix : Ce n'est pas ainsi qu'il
faut l'entendre !)

C'est au nom de tous les électeurs que je réclame
contre cette expression de notre honorable collègue. Le

système qui est la base de notre loi électorale, celui d'après lequel nous siégeons dans cette enceinte, ne devait, sous aucun rapport, être ainsi qualifié. (A droite et à gauche : Très-bien ! très-bien !)

Je n'insisterai pas davantage à cet égard, pour ne pas interrompre plus long-temps l'importante discussion qui nous occupe.

www.ingramcontent.com/pod-product-compliance
Lightning Source LLC
Chambersburg PA
CBHW050745070726
47597CB00009B/4085